AF399169

Kustantaja: BoD • Books on Demand

GmbH, Helsinki, Suomi

Kirjapaino: Libri Plureos GmbH,

Hampuri, Saksa

ISBN: 978-952-80-8312-2

FRAGMENTIT

Kupillinen kahvia
Auringon valossa
hiuksista erottuva hopea.

Syyskuu
Turhautunut Mehiläinen
En edes yritä häätää
koska olet jo kuollut.

Sanoit sen
etten nukkumaan mennessä sanonut
mitään.

Täytetty lautanen toivoo
että se otettaisiin vakavasti.

Miten hyväily koskettaa yksinäistä.
Tuntee taas kaikki tuoksut.

Kylmää teetä.
Sammuksiin puhallettuja lauseita
väsyneessä illassa.

Tongin roskakorista pois heitettyjä sanoja.
Rypistyneet origami-joutsenet kirjoitan
siivilleen.

Tammen alta löysin
ensimmäisen runoni.
Sienikastiketta varten.

.
Yksinäisestä sydämestä poismuuttava
kurkiaura
Ennen aikojaan kellastunut ilta.

Kallio rannalla
säilöi kurussaan janoa.
Läheisyydestäsi nousee aurinko.

Avasitko verhot
jotta joku hyppäisi ikkunasta?

Vapautta ei ole ajatusta enempää
Eivätkä muuttolinnut voisi
lentää toisin
Että on olemassa ratkaisu
Se ettei sitä ole.

Mikään ei ole totta enempää
Pilvet joihin on arvottu tunteiden symbolit

Merta katsova ei ole enää
kiinteällä rannalla.

Valaistuminen tapahtuu kun eksyy
Haravoi vain keltaisia lehtiä.

Meditaatioharjoituksissa harhaileva mieli
Toivot että tänään olisi
makaronilaatikkoa.

Majakat tekevät karikot
tarpeellisiksi
Elämä kuoleman.

Vastaukset ovat hyödyttömiä
Kysymyksiä liian vähän
näin suurelle joukolle tarvitsevia.

Jätän perinnöksi ajatukset
Kukkiva kirsikkapuisto on unta
ja soutajan vene pysähtyy miettimään
molemmin puolin jokea.

Jumalista meidän tulisi
siirtyä ihmisiin
tekoihin olemattomista.

On vaikea puhua hyvästä
jos sanat kätkevät
merkityksiinsä niin vähän.

Sanat ovat pelkkää puhetta.
Tekojemme rakennuspalikoita

Kahvikupillinen armoa.

Välikappaleiksi emme suostu
Niin kauan kuin on tahtoa
on toivoa.

Rakkaus on tapa luoda
itsestä ihminen
Seksille jätettiin syntymisen ihme
Silmänräpäys pyyteettömyyttä.

Toiveet pitävät sisällään pettymyksen.

Tulen itsekseni sinun kauttasi.

Se minkä laskee käsistään
sitä kantaa mielessä mukanaan.

Oletamme mutta emme tiedä.

Vuoren valloittanut etsii sitä
jota ei koskaan pysty valtaamaan.

Epävarmuus johti kaaokseen.
Oli keksittävä jumala.

Lahjan kaunein olemus
on muisto siitä.

Kauneus on mielikuva sen sisimmästä.

Lintujen merkitys se että niiden
oletetaan laulavan.

Olisi helpompaa olla joku toinen
omana itsenään.

Kaikki perustuu arvailuun
Olisiko vai ei
Olemattomana me olemme todempia.

Voisiko muisto olla väärä
Valemuisti siitä kuka on,
ollut olematta.

Veden päällä kävelevät varjot
Peilikuvat
jotka ovat meitä todempia.

Suuret ihmiset
mahtuvat lasten sänkyihin.

Pienet ihmeet kuten lumihiutaleet lapsille
suurta.

Aitous ilmenee ainoastaan epäaitoutena.

Pelko naamioituu suureen rohkeuteen.

Mitä enemmän rahaa

sen suurempi on sen puutos.

Kirjat kertovat sen mitä
niihin on jätetty kirjoittamatta.

Musiikki on niille joilla on
valikoiva kuulo.

Kirjoittaminen on dialogia

tyhjän paperin kanssa.

Mielikuvitusta on vaikea
erottaa totuudesta
koska totuus on mielikuvitusta.

Tyhjällä käytävällä on
eniten meteliä.

Novaliksen sininen kukka on toteutumattoman symboli.

Todet
epätosia vähempiä.

Se mikä tulee valmiiksi
jää kesken.

Lapseen ei tule kokoamisohjetta mukana.

Lapseen on vanhuus sisäänrakennettu.

Filosofit valitsivat
lähtökohdaksi totuuden
Sen minkä tietävät valheeksi.

Kissa on teonsana.

Kynttilöiden
näkymätön lämpö
tarttuu.

Jos olisi aika

se olisi kokonaan toinen.

Ymmärrykseen mahtuu niin vähän
Ymmärtämättömyyteen niin paljon.

Suru on hetkellistä luopumista itsestä.

Näin ikkunasta variksen joka
muuttui runoksi.

Se mikä on hyvää

on itsestään selvää.

FRAGMENTIT

Mikko Nevantakanen